W0418278

*Norbert Weiß | Jens Wonneberger*

# »Lieber Dresden im Regen als Wien bei Sonne«

*Berühmte Zeitgenossen und die Stadt an der Elbe*

edition q

# Inhalt

*Postkarte um 1900.*

# Vorwort



800 Jahre Dresden – das sind auch acht Jahrhunderte mehr oder weniger schöngeistig geprägter Sicht auf die Elbestadt. Wenn immer wieder und gern wiederholt wird, dass dieses Dresden der Musiker und Maler, dieses »Elbflorenz« nie ein Ort der Literatur gewesen sei – ein Platz über den geschrieben wurde und dessen man sich schreibend wieder und wieder erinnerte, war der »barocke Dampfer« zweifellos. Die berühmten Bauten der Stadt und ihre »feierliche Lage«, ihre Zerstörung in mehreren Kriegen und der Wiederaufbau, das glanzvolle Leben bei Hofe und das karge der einfachen Leute in den Vorstädten und Gassen, die prächtigen Kunstsammlungen und Galerien, die oft beschmunzelte Mentalität der Sachsen im Allgemeinen und die der »Dräsdner« im Speziellen, all dies fand und findet noch immer seinen flüchtig hingeworfenen oder wohl formulierten Niederschlag in Romanen und Gedichten, in Reiseberichten, Tagebüchern, in Briefen, Erinnerungen und zahlreichen autobiografischen Zeugnissen. Das so, über die Zeiten hinweg, entstandene Bild der Stadt ist keineswegs arm an Facetten. Seine Schattierungen reichen von der verklärenden Lobhudelei bis zu bitterem Spott und reflektieren nicht zuletzt die jeweilige persönliche Situation der Autoren. Der Fundus an Äußerungen zu Dresden scheint, selbst dann, wenn man sich auf die Aussagen bekannter und bedeutender Schriftsteller beschränkt, schier unermesslich zu sein.

Geschrieben wurde über Dresden schon früh. Zwar keineswegs, wie man vermuten könnte, im »Dresdner Heldenbuch« des Kaspar von der Rhön – das führt den Namen der Stadt nur im Schilde, weil es die hiesige Landesbibliothek seit Jahrhunderten bewahrt und pflegt. Aber Fürstenlob und Festbeschreibung gediehen beizeiten. Auch Schmähgedichte, wohlgemerkt, wie sie Jobst Weisbrod von der Seegasse im Januar 1522 publizierte und in denen er das »unsittliche Leben der Geistlichen und einiger Hofleute« geißelte. Was ihm schlecht bekam. An den Pranger gestellt, musste er in aller Öffentlichkeit seinen »Schandbrief« verschlingen. Und ein gewisser Johann Josef Beckh, weit vorsichtiger (oder von Weisbrods Schicksal gewarnt?), verfasste 1667 seine freundliche »Elbianische Florabella«, die er artig den »tugendbegabten Dreßdnischen Huldinnen« widmete.

Von Johann Christian Günther, dem unglücklichen schlesischen Dichter, wäre ganz sicher (er schrieb es nicht) ein »garstig Lied« auf Dresden recht und billig gewesen. Denn hiesige »übelgesinnte Hofschranzen« sollen es gewesen sein, die ihm den Auftritt vor August dem Starken, mit dem er sich für die Stelle des Hofpoeten bewerben wollte, gründlich vermasselten, indem sie ihm (der Legende nach!) ein »lähmendes Mittel in den Willkommenstrunk« mischten, so dass dem Dichter Geist und Stimme versagten ...

Nach dem Siebenjährigen Krieg (1756–63) schließlich und der ersten großen Zerstörung der Residenz, war die Not groß und in den Zeitungen eine »Ode auf das unter seinem Schutt begrabene Dreßden« zu finden, in der die Stadt als »Stadt Gottes, Israels Geliebte« bezeichnet wird.

Die vorliegende Sammlung ausgewählter Loblieder und Beschimpfungen setzt aus gutem Grund mit Zeugnissen aus der

Mitte des 18. Jahrhunderts ein. Das erscheint uns in zweifacher Hinsicht als sinnvoll. Einmal ist dies die Zeit nach dem Tode August des Starken, unter dessen Ägide sich Dresden zur Residenzstadt von europäischem Rang entwickelte und mit seinen Bauten jene Gestalt anzunehmen begann, der man in den unzerstörten oder wieder erstandenen Teilen der Altstadt noch heute begegnen kann. Andererseits setzte in den nachfolgenden Jahrzehnten jene Epoche der deutschen Literaturgeschichte ein, die der Klassik den Weg bereitete, deren wichtigste Vertreter noch heute ihren Rang innerhalb des literarischen Erbes behaupten.
Doch selbst wenn man nur diese zweieinhalb Jahrhunderte betrachtet, will und kann eine Auswahl wie die vorliegende keinerlei Anspruch auf Vollständigkeit erheben. Selbstverständlich kommen die großen Verehrer und Beschimpfer der Stadt von Casanova über Herder, Goethe, Schiller, Andersen und Grillparzer bis zu Gerhart Hauptmann und Erich Kästner zu Wort. Verzichtet wurde aber in einigen Fällen bewusst auf Reminiszenzen durchaus bedeutsamer Autoren, die seit Jahrzehnten in nahezu jedem »Dresden-Buch« ihren Platz gefunden und gehalten haben, zugunsten von Äußerungen, die bislang noch nie oder nur in völlig anderen Zusammenhängen zu lesen waren.

*Dresden im Frühjahr 2006*
*Norbert Weiß, Jens Wonneberger*

*Der Zwingerhof im Jahre 1758, Gemälde von Bernardo Bellotto, gen. Canaletto.*

# »Lieber Dresden im Regen als Wien bei Sonne«

*Berühmte Zeitgenossen und die Stadt an der Elbe*



Er habe »den glänzendsten Hof Europas« gesehen. Diesen Satz kann man durchaus als zweideutig auffassen, hat doch der zitierte Besucher die ersten drei Monate seines Aufenthaltes in der Stadt vor allem darauf verwandt, »alle käuflichen Schönheiten kennenzulernen. Ich fand sie, was ihre Körper betraf, den Italienerinnen und Französinnen überlegen; aber sie erreichten diese bei weitem nicht an Anmut, an Geist und in der Kunst zu gefallen, die hauptsächlich darin besteht, sich verliebt zu geben, wenn sie einer nett findet und sie bezahlt. Daher stehen sie im Ruf, kühl zu sein.«

*Giacomo Girolamo Casanova*

Diesem Urteil kann man wohl trauen, stammt es doch von keinem anderen als **Giacomo Girolamo Casanova** (1725–1798), der im Sommer 1752 nach Dresden kommt und »bis zum Karnevalsende des folgenden Jahres« bleibt. Seine Beziehungen zur Elbestadt sind sehr eng, seine Mutter, eine Schauspielerin, hat von Kurfürst August II. eine Anstellung auf Lebenszeit erhalten, der Bruder Giovanni Battista steht ab 1764 als Professor und späterer Direktor der Malerakademie ebenfalls im Dienste des Kurfürsten und auch eine seiner Schwestern ist in Dresden verheiratet. Kein Wunder also, dass es den berühmten Verführer nach Dresden zieht, zum Unmut der hiesigen Männer kann man annehmen, soll doch ein zeitgenössisches Gemälde ihn bei der Flucht vor betrogenen Ehemännern auf der Treppe der Brühlschen Terrasse zeigen. Allerdings muss Casanova bei seinen »Ausschweifungen innehalten«, einer »Unpäßlichkeit« wegen, die ihm »eine schöne Ungarin« vermittelt. Für einen Mann vom Schlage Casanovas nichts Ungewöhnliches, es ist »die siebente«, und er entledigt sich ihrer »wie immer durch eine sechswöchige Diät«. Sein Leben in Dresden bringt also »nichts Besonderes«. Er findet zwar einen Hof vor, »an dem die Künste blühten«, doch »keine feine Lebensart, denn König August war nicht fein, und die Sachsen sind es von Natur aus nicht, wenn ihnen der Herrscher nicht das Beispiel gibt«.



Dennoch kommt Casanova wieder und macht 1766 bei seinem zweiten von drei Aufenthalten das Hotel Stadt Rom zu seinem Liebesnest. Er verkehrt in den besten Kreisen, widmet sich dem Spiel und natürlich fehlt es auch an galanten Abenteuern und Verwicklungen nicht; am Ende seines Lebens Bibliothekar des Grafen Waldstein im böhmischen Dux, wo er die »Geschichte meines Lebens« zu Papier bringt, lässt er sie in seine Erinnerungen einfließen.

*Johann Wolfgang von Goethe*

Er steht noch am Beginn seines Lebens, der unbekannte neunzehnjährige Leipziger Student **Johann Wolfgang von Goethe** (1749 – 1832). Im März 1768 kommt er nach Dresden, und weil sein Vater ihn ausgiebig mit abschreckenden Geschichten über das Unterkommen in Gasthäusern malträtiert hat, quartiert er sich privat bei einem Schuhmacher in der Friedrichstadt ein.

In »Dichtung und Wahrheit« hat er diesen Aufenthalt und seinen Gastgeber Johann Gottfried Haucke beschrieben (im »Ewigen Juden« wird er gar zur literarischen Figur), vor allem aber die Besuche in der Gemäldegalerie. »Die Stunde, wo die Galerie eröffnet werden sollte, mit Ungeduld erwartet, erschien. Ich trat

*Das Johanneum im Stallhofkomplex, 1740 bis 1855 Sitz der Gemäldegalerie, Stich von Moritz Bodenehr.*



in dieses Heiligtum, und meine Verwunderung überstieg jeden Begriff, den ich mir gemacht hatte.« Goethe überfällt »ein Gefühl von Feierlichkeit, einzig in seiner Art, das um so mehr der Empfindung ähnelte, womit man ein Gotteshaus betritt«. Schließlich fühlt er sich ermutigt, »der Ausübung eines Talents, das mir die Natur versagt zu haben schien, von Zeit zu Zeit eifrig nachzuhängen«. Er wird noch mehrmals nach Dresden kommen und am 1. Januar 1791, nach seinem dritten Besuch, in einem Brief an Knebel bekennen: »Dresden hat mir große Freude gemacht und meine Lust an Kunst zu denken wieder belebt. Es ist ein unglaublicher Schatz aller Art an diesem schönen Ort.«

Kein Geistesriese wie der Weimarer Dichterfürst, aber als Übersetzer und Journalist hoch geachtet, war der vielseitig beschla-

*Johann Kaspar Riesbeck*

gene **Johann Kaspar Riesbeck** (1754–1786), der in seinen »Briefen eines reisenden Franzosen« seine Eindrücke aus Dresden verarbeitete, das er drei Jahre vor seinem Tod besucht hatte. Beeindruckt zeigt er sich vor allem von den Frauen. Er wünsche, schreibt er an seinen Bruder, »daß unsere Damen, Fräulein und Mädchen auch so schön und frisch wären wie die hiesigen ... Hier gibt es wahre Ideale von Schönheiten. Schlank von Wuchs, frisch von Fleisch und Farbe, rund von Knochen und lebhaft in Gebärden hüpfen hier die Mädchen daher wie junge Rehe, um mit Salomon zu sprechen ... Es scheint aber geschwinde zu verblühen, denn ich sah wenig Weiber von dreißig Jahren, an denen nicht die Spuren des Verwelkens sichtbar waren. Das heftige Temperament mag viel dazu beitragen, vielleicht aber noch mehr die schlechten Nahrungsmittel verbunden mit der Sorge für das Hauswesen. Die Bayerinnen mögen die Sächsinnen vielleicht in Qualität des Fleisches übertreffen, allein diese sind ungleich schöner von Bau, und ihre Gesichtszüge sind interessanter.« Apropos Nahrungsmittel. Was Essen und Trinken betrifft, sieht er in den Dresdnern geradezu »Antipoden« zu den übrigen Deutschen. Denn: »Die Brühen sind hier so dünne, man hat so oft kalte und immer so schmale Küche, daß ich glaube, ein Wiener könne es hier ... nicht vier Wochen aushalten.«



*Friedrich von Schiller*

Der Marbacher **Friedrich von Schiller** (1759–1805), das angehende Theatergenie, konnte dies durchaus. »Als auf einmal, und mir zum ersten Mal, die Elbe zwischen 2 Bergen heraustrat, schrie ich laut auf ... Die Elbe bildet eine romantische Natur um sich her, und die schwesterliche Ähnlichkeit dieser Gegend mit dem Tummelplatz meiner frühen dichterischen Kindheit macht mir sie dreifach theuer.« Dieser Freudenschrei entfuhr Schiller am

*Das Schillerhäuschen in Loschwitz.*



13. September 1785, und er hält ihn in einem Brief an Ludwig Ferdinand Huber für die Ewigkeit fest. Sein Dresden-Aufenthalt ist aber, wie er Monate später berichtet, nicht nur der romantischen Natur geschuldet, »ein Zirkel von Freunden, deren Anhänglichkeit und Liebe mein Dasein verschönert, hat bei meiner Wahl den Ausschlag gegeben«. Schiller ist Gast bei Christian Gottfried Körner, sowohl in dessen Stadtquartier auf dem Kohlmarkt im Fleischmännischen Hause als auch im Weinberghaus an den Loschwitzer Hängen lebt und arbeitet der junge Dichter. Der Don Carlos wird vollendet, manch anderer Text entsteht, ob auch die Ode »An die Freude« hier geschrieben wurde, darüber streiten sich Experten und Lokalhistoriker bis heute, die »Unter-

tänigste Pro Memoria an die Konsistorialrat Körnersche weibliche Waschdeputation in Loschwitz« aber hat allemal hier ihren Enstehungsort. Eine Ode auf die Dresdner indes hat Schiller nicht geschrieben, die Stadt sei eine »Wüste der Geister«, stellt er in einem Brief vom Dezember 1788 fest. »Die Cursachsen sind nicht die liebenswürdigsten von unseren Landsleuten, aber die Dresdner sind vollends ein seichtes, zusammengeschrumpftes,

unleidliches Volk, bei dem es einem nie wohl wird. Sie schleppen sich in eigennützigen Verhältnißen herum, und der freie, edle Mensch geht unter dem hungrigen Staatsbürger ganz verloren, wenn er anders je gewesen ist. Zuweilen begegnet man einem verstümmelten Abdruck, oder vielmehr einer Ruine die ehemals Geist oder Herz beseelte. Aber die fatalen Verhältnisse haben beides zertreten und verheert; so daß man – um das Gleichnis fortzuführen – nur noch aus einer stehengebliebenen Säule den Geist des Meisters und die Ordnung erkennt, in der das Gebäude aufgeführt worden.«

*Jean Paul*

Davon und von der Eigenart der Dresdner weiß auch ein Dichter aus dem Fichtelgebirge sein Lied zu singen: Am Himmelfahrtstag 1798 sammelt sich abends »die fürstlich heilige Familie nebst dem plattgedrückten Hoftroß in der katholischen Kirche«. Zugleich wird »das Kind einer Prinzessin hereingetragen, das die Trompeter taub bliesen gegen künftige Bitten.« Einer der Zuschauer hat dabei mit seinen »demokratischen Zähne(n) geknirscht, am meisten über das gekrümmte Schranzenvolk von Dresdnern, die nicht schön, nicht edel, nicht lesbegierig, nicht kunstbegierig sind, sondern nur höflich«, wie er seinen Freund Christian Otto wissen lässt. Der Briefschreiber ist **Jean Paul**, der eigentlich Johann Paul Friedrich Richter (1763–1825) heißt und

*Aufstellung des Castrum doloris vom 30. Mai bis 1. Juni 1827 für König Friedrich August I. in der Katholichen Hofkirche. Stich von Grolich und Wunderlich.*

auf dem besten Weg ist, einer der wichtigsten Erzähler seiner Zeit zu werden. Der in Wunsiedel Geborene war wenige Monate zuvor nach Leipzig gezogen und besucht Dresden und seine Umgebung das erste Mal, wobei ihm vor allem die Sammlung antiker Plastiken im Japanischen Palais und die Abgüsse im Mengsschen Museum beeindrucken. »Sooft ich künftig über große oder schöne Gegenstände schreibe, werden diese Götter vor mich treten und mir die Gesetze der Schönheit geben.« Er habe, schreibt er kurz vor seiner Abreise, viele Bekanntschaften gemacht, aber keine von Bedeutung. Das ist bei seinem Dresden-Besuch im Frühsommer 1822 schon anders, er begegnet unter anderem Ludwig Tieck, den das gebildete Deutschland den »König der Romantik« nennt, und dem Komponisten Carl Maria von Weber. »Geliebt wurd' ich von so vielen«, schreibt er an Heinrich Voß, »daß meine 5 Wochen nicht hinreichten zu fremder und meiner Befriedigung – sogar von allen Almanachdichtern allda ohne Eifersucht und vollends von den Weibern, die mir am Morgen Blumen und Kränze brachten und Abends jene von meiner Rockklappe wieder holten.« Die anfängliche Skepsis freilich bleibt, vor allem den Dresdnern gegenüber. »Alles ist hier gefällig bis zum Volk und Soldaten herab; du findest das militärische Grobgeschütz bayerischer Offiziere hier nicht. Indes herrscht hier in Freude, Kraft, Schönheit und Talent ein gewisses Mittelmaß und Mittelgut.«

Die Umgebung aber begeistert ihn immer wieder neu. »Die Luftschlösser übertreffen an Aussichten alle deutsche. Die Brühlsche Terrasse abends mit ihren Lichtern und Gebirgen und der Brücke und Elbe gab mir einmal eine Stunde der inneren Verklärung, die ich seit vielen Jahren ... umsonst gesucht«. Trotzdem: »Wohnen möcht ich doch nicht hier«. Was Jean Paul aller-

*Treppe zur Brühlschen Terrasse, colorierter Stich um 1825.*



dings nicht daran hindert, nach seiner Rückkehr ins heimatliche Bayreuth für Zeitungen wohlwollende Bemerkungen über seinen Dresden-Aufenthalt zu verfassen.

*Heinrich von Kleist*

Mehrmals besucht der Dramatiker und Erzähler **Heinrich von Kleist** (1777–1811) Dresden und gewinnt durchaus zwiespältige Eindrücke. »Dreßden hat enge Straßen, meistens 5 bis 6 Stock hohe Häuser, viel Leben und Thätigkeit, wenig Pracht und Geschmack«, schreibt er im September 1800 an Wilhelmine von Zenge. »Die Elbbrücke ist ganz von Stein, aber nicht prächtig. Auf dem Zwinger (dem kurfürstl. Garten) findet man Pracht, aber ohne Geschmack. Das kurfürstliche Schloß selbst kann man kaum finden, so alt und russig sieht es aus. Wir gingen in die berühmte Bildergalerie. Aber wenn man nicht genau vorbereitet ist, so gafft man so etwas an, wie Kinder eine Puppe. Eigentlich habe ich daraus nicht mehr gelernt, als daß hier viel zu lernen sei.« Also kommt er wieder, gut vorbereitet, wie man annehmen kann, denn den nächsten Aufenthalt und seine gemeinsamen Galeriebesuche mit dem Maler Heinrich Lohse im Frühjahr 1801 zählt er zu »den frohsten Stunden« seines Lebens. »Die schöne,

große, edle, erhabene Natur, die Schätze von Kunstwerken, die Frühlingssonne, und so viel Wohlwollen ... « Da ist er eigentlich auf einer Reise nach Paris, doch in einem Brief zweifelt er, »daß ich auf meiner ganzen bevorstehenden Reise, selbst Paris nicht ausgenommen, eine Stadt finden werde, in welcher die Zerstreuung so leicht und angenehm ist, als Dreßden«. Die Stadt habe »eine große, feierliche Lage, in der Mitte der umkränzenden Elbhöhen, die in einiger Entfernung, als ob sie aus Ehrfurcht nicht näher zu treten wagten, es umlagern. Der Strom verläßt plötzlich sein rechtes Ufer, und wendet sich schnell nach Dreßden, seinen Liebling zu küssen. ... Er wendet sich bald zu dem rechten bald zu dem linken Ufer, als würde die Wahl ihm schwer, und wankt, wie vor Entzücken, und schlängelt sich spielend in tausend Umwegen durch das freundliche Thal ...« Vom Sommer 1807 bis zum Frühjahr 1809 lebt Kleist schließlich ganz in der Stadt, arbeitet an verschiedenen Stücken und der Novelle »Michael Kohlhaas« und gibt die Zeitschrift »Phöbus« heraus.

*Johann Gottfried Seume*

Ein Generationsgefährte Kleists, weder von Adel wie jener, noch aus gesicherten bürgerlichen Verhältnissen stammend, begibt sich auf Schusters Rappen vom Ufer der Mulde (wo er als Korrektor ein kümmerliches Dasein fristet) an die Elbe: »Ich schnallte in Grimma meinen Tornister und wir gingen.« Das Ziel

*Abguss-Sammlung des Mengsschen Museums.*

heißt Syrakus, der Wanderer **Johann Gottfried Seume** (1763–1810), man schreibt das Jahr 1801, es ist Dezember. Schon bald hinter Meißen kommt der Fußreisende nach Dresden, das er seit zwölf Jahren nicht mehr gesehen hat, und ihn umweht »eine kalte, dicke, sehr unfreundliche Luft«, wie so oft, wenn er sich einer Residenz nähert. Denn »man trifft so viel trübselige, unglückliche, entmenschte Gesichter, daß man alle fünf Minuten auf eins stößt, das öffentliche Züchtigung verdient zu haben oder sie eben zu geben bereit scheint: Du kannst denken, daß weder dieser noch jener Anblick wohlthut. Viele scheinen auf irgendeine Weise zum Hofe zu gehören oder die kleinen Officianten der Collegien zu sein, die an dem Stricke der Armseligkeit fortziehen und mit Grobheit grollend das Endchen Tau nach Dem hauen, der ihrer Jämmerlichkeit zu nahe tritt. Ungezogenheit und Impertinenz ist bekanntlich am meisten unter dem Hofgesinde der Großen zu Hause ...« Auch während eines Theaterbesuchs entdeckt Seume die »gewöhnliche Dresdener Engbrüstigkeit« und eine »oberflächliche Aussprache«, »die so gern das Weiche hart und das Harte weich« macht. »Der halblateinische Theil des Publikums lachte heillos, und mir kam es als eine Ungezogenheit der ersten Größe vor.« Die Galerie und den Antikensaal besucht Seume, sich seiner »Saumseligkeit und Sorglosigkeit in gelehrten Dingen und Sachen der Kunst« bewusst, nicht, dafür die »Mengs'sche Sammlung der Gipsabdrücke« und eine Oper, »die mit ziemlich vieler Pracht gegeben wurde ... Es war bei der Vorstellung kein einziger schlechter Sänger und Acteur; aber nach meiner Meinung auch kein einziger vortrefflicher, so sehr man auch in Dresden dieses behauptete«. Eines morgens erfährt er, »durch den Donner der Kanonen geweckt, ... daß dem Hause ein Prinz geboren war« und hofft, der Herr möge »in seinem Leben nicht wieder so viel Lärm als bei seiner Ankunft auf unserem Planeten« machen, denn »die Fürsten dieses Hauses sind, zum Glück ihrer Länder, seit mehr als einem Jahrhundert meistens Kinder des Friedens«. Bald darauf setzt Johann Gottfried Seume seinen »Spaziergang nach Syrakus« fort.



*Johann Gottfried Herder*

Kein anderes Urteil über Dresden ist wohl von den Verehrern der Stadt so oft zitiert worden, wie das von **Johann Gottfried Herder** (1744–1803). Im dritten Band seiner Schrift »Adrastea« widmet sich der Philosoph und Schriftsteller 1802 den Kunstsammlungen und findet, dass Dresden durch den Einsatz von Kurfürst Friedrich August I. und dessen beiden Nachfolgern »in An-

*Ansicht der Stadt Dresden von der Bautzner Straße, Kupferstich von A. Lawrenz, um 1830.*

sehung der Kunstschätze ein Deutsches Florenz« geworden sei. Der »prachtliebende Geist« der Fürsten ziere die Stadt mit Gebäuden, sie sei »eine Schule der Artigkeit«. Alle Völker Europas seien der Spur Winckelmanns und dessen in Dresden geschriebenem Buch »Über die Nachahmung griechischer Kunstwerke« gefolgt.

»Blühe, Deutsches Florenz, mit Deinen Schätzen der Kunstwelt! / Stille gesichert sei Dresden Olympia uns. / Phidias-Winckelmann erwacht an Deinen Gebilden, / Und an Deinem Altar sprossete Raphael-Mengs.«

Vom 20. August bis Mitte September 1803 weilt Herder in Dresden, wohnt zunächst im »Hotel de Pologne«, später in der Neustadt, und besucht verschiedene Sammlungen und befreundete

Familien. Der Kurfürst, der Herders Schrift über die Kunstsammlungen kennt, gewährt ihm eine Audienz. Wie wohl sich Herder in Dresden gefühlt haben muss, darüber gibt ein Brief seiner Frau Auskunft. »Freundliche Menschen, Wissenschaft u. Natur überraschten ihn auf einmal, wie eine harmonische Musik. Mehr als alles aber war ihm Dresden eine Erscheinung höherer Art – das Staatsschiff auf dem der Steuermann selbst, durch Einsicht, Thätigkeit u. Honnetetät ein Vorbild der übrigen ist u. sie wach hält. Die Grundsätze der alten Gerechtigkeit u. Billigkeit die die Geschäfte dort regieren u. die dem Geist der Minister u. Geschäftsmänner eingeprägt sind, hat ihn freilich höchst angenehm ergriffen.« So angenehm, dass Dresden »ein heller lichter Punct in unseren Ideen geworden« ist und man erwägt, die Stadt als Alterssitz zu wählen. Dazu allerdings kommt es nicht, denn drei Monate nach seiner Abreise aus Dresden stirbt Herder am 18. Dezember 1803 in Weimar. Seine Huldigung Dresdens als deutschem Florenz aber bleibt unsterblich und lockt Besucher aus aller Welt in die barocke Stadt, vor allem Künstler und Weltenbummler, die sich, von Ost und Norden kommend, auf dem Wege nach Italien befinden.

*Per Daniel Atterbom*

»Ja, mein geliebter Bruder, das alte Sprichwort: ›Es ist nicht alles Gold was glänzt‹ bestätigt sich auch bei einer Menge deutscher Herrlichkeiten, sobald man sie nur genauer besieht. Dies gilt vor allem von Preußen und Berlin, obwohl ich sicherlich Unrecht täte, wenn ich leugnete, daß ich nicht auch vieles kennengelernt hätte, was die Probe bestanden hat. Gott sei Dank, daß ich für diesmal daraus fort bin.« Der dies im August des Jahres 1817 so provokant zu Papier bringt, heißt **Per Daniel Atterbom** (1790–1855), seines Zeichens romantischer Dichter und Kunst-

*Anzeige 1928.*

gelehrter, der sich aus Hochachtung für den deutschen Erzähler E. T. A. Hoffmann, zuweilen auch Per Daniel Amadeus Atterbom nennt. Geboren wird er im schwedischen Åsbo als Sohn eines Pfarrers, und er gilt in seiner Heimat als einer der hoffnungsvollsten Wortführer der neueren Literatur, um den sich vor allem die jüngeren Autoren mit Begeisterung scharen. 1817 macht er sich per Segelschiff und Kutsche auf Pilgerfahrt nach Deutschland und Italien, um die »blaue Blume der Romantik« zu entdecken und den verehrten Vertretern der romantischen Schule Jean Paul, Ludwig Tieck, »Gespenster-Hoffmann« und Friedrich Wilhelm Schelling seine Aufwartung zu machen. Über Stralsund und

Greifswald reist er nach Berlin und wird (siehe oben) enttäuscht. Doch voller Vorfreude darauf, sich schon bald »unter den munteren Sachsen und ihren unzähligen Kunstschätzen erquicken zu können«, rollt Atterbom unverzagt in einem gedeckten Fuhrmannswagen durch das Cottbuser Tor aus Berlin hinaus.



Knapp zwei Tage muss er sich durch die »brandenburgische Sandheide« schaukeln lassen, bevor er sich via Zossen, Baruth und Dobrilugk, Elsterwerda und Großenhain seinem ersehnten Ziel zu nähern beginnt: »Zur Linken in einiger Entfernung (sieht man) das schmucke Jagdschloß Moritzburg mit seinem ansehnlichen Park, wo sich der König von Sachsen oft vergnügt. Eine halbe Meile von der Hauptstadt entfernt liegt ein Wirtshaus ›Zum Wilden Manne‹, das allein wegen seiner angenehmen Lage genannt zu werden verdient ... Aber mein ganzes Trachten war jetzt auf das schöne Elbetal gerichtet und auf Dresdens schimmernde Turmspitzen, über denen die Sonne gerade unterging und einen bezaubernden Abendglanz verbreitete. Freundliche Linden- und Pappelalleen begegneten dem Fremdling ein Stück vor der Schranke und begleiteten ihn durch die sogenannte Neustadt bis zur majestätischen Elbbrücke, auf der die Dämmerung so stark war, daß mir einige Sänften, die an mir vorbeigetragen wurden, im Wagen vorkamen wie zwei schwarze, unförmige, ohne Füße wandernde Spukgestalten. Diese in Dresden übliche Art, sich fortzubewegen, war mir überdies ein noch völlig unbekanntes Schauspiel. – Endlich hielten wir auf dem großen Neumarkt vor dem gesuchten ›Hôtel de Berlin‹, dem nächsten Ziel unserer Mühen. Wir fanden ein prächtiges Wirtshaus, schnellfüßige Bedienung, untadeliges Abendessen, vortrefflichen Wein, zahlreiche Gesellschaft und Tafelmusik; geht man nicht oft bei geringeren Anlässen mit der besten Laune der Welt zu Bett?«

*Innenansicht der Gemäldegalerie, 1830.*

Grund genug für den begeisterungsfähigen Nordländer, den Freunden und Verwandten im fernen Schweden sein gesteigertes Lebensgefühl hinlänglich zu beschreiben und ein Loblied der sächsischen Residenz anzustimmen: »Dein Freund sitzt nun in Deutschlands Florenz, im olympischen Dresden, wie Herder in verzeihlicher Berauschung diese freundliche Stadt nannte; ich befinde mich seit ungefähr einem Monat im Herzen des schönen, vortrefflichen Sachsen und fühle mich damit dem Herzen von Germanien näher ... Ich überlasse es Deinem Urteil, ob es möglich ist, sich unter einem südlichen, milden, ewig blauen Septemberhimmel, unter den angenehmsten Bekanntschaften aus beiden Geschlechtern, Philosophen, Dichtern, italienischen Malereien, katholischen Chorälen, Weinbergen, Flußbiegungen, Bergen, Tälern, Lustgärten und Spazierwegen zu langweilen. Die Herrlichkeit der Landschaft wird nur von der Schönheit der Menschen übertroffen, mit denen man wandert. Was erlebte ich hingegen in Berlin? Staub, Hundstagshitze, schwerfällige Eindrücke und Magenleiden!«



Nein, von Langeweile und Magenleiden kann keine Rede sein. Atterbom, der bis tief in den November hinein in Dresden bleibt, durchstreift die königliche Bibliothek, die berühmte Antikensammlung und natürlich die nicht minder bekannte Gemäldegalerie, »bei deren erstem Betreten einem fast schwindlig wird vor der Herrlichkeit, die einen gleich Meereswogen überwallt.« Er trifft sich mit Caspar David Friedrich, der sich, weil er aus Pommern stammt, »für einen halben Schweden hält« und der ihm »als Mensch wie als Maler gleich gemütvoll erscheint«;und er nimmt Sprachstunden »nel dolce Italiano« – schließlich hat er trotz des angenehmen Aufenthaltes in Dresden das Ziel seiner Sehnsucht, Rom, die ewige Stadt, nicht aus den Augen verloren – bei einem »jungen, liebenswürdigen Fräulein Fanny von Unruh«, dem er dankbar das Gedicht »Der Schwede« zueignet.

*Carl von Voß*

Am 1. Mai 1822 trifft der Kammerherr **Carl von Voß** (1778–1856) als Gouverneur des anhalt-bernburgischen Erbprinzen Alexander Carl in Dresden ein und besucht sogleich die Brühlsche Terrasse. »Diese Terrasse ist aus großen Quadersteinen senkrecht aus der Elbe herauf bis zu einer bedeutenden Höhe gemauert. Lindenbäume beschatten sie, die leider, wie fast alle Bäume in Dresden, stark beschnitten sind ... Eine breite Treppe, unten von zwey steinernen Löwen bewacht, führt nach dem Platze vor der

*Die Brühlsche Terrasse, aquarellierte Lithografie um 1840.*

katholischen Kirche und der Brücke. Die Schönheiten dieses Erdenfleckens lassen sich nicht beschreiben, sondern nur empfinden.« Für seine Empfindungen wird Carl von Voß viel Muße haben, ein Jahr weilt er mit seinem Zögling in der Elbestadt und hat diese Zeit in seinem Buch »Eine Reise nach Dresden 1822« ausführlich dokumentiert und beschrieben. Den Abend des 21. August verbringt er wieder auf der Brühlschen Terrasse; »... um die Zeit des Sonnenuntergangs schien sich ganz Dresden dort versammeln zu wollen, und es war für uns sehr unterhaltend, in einen ausspringenden Winkel der Terrasse gedrückt, die wogende Menge von Bekannten und Unbekannten vorbeyströmen zu sehen, unter welcher wieder wenigstens jeder zehnte ein Krüppel oder eine komische Figur war.«

Die Architektur der Stadt und ihre Sammlungen, die Umgebung, Volksfeste, Gondelfahrten, Spaziergänge und Besuche bei berühmten Zeitgenossen oder der »naturforschenden Gesellschaft« – Carl von Voß hat all dem in seinem Tagebuch breiten Raum eingeräumt und so ein lebendiges Bild der Zeit vermittelt. Nicht ohne Witz übrigens, wenn er von der Kuppel der Frauenkirche auf den »neuen Markt, nahe bey der Kirche, die Wachparade mit Trommelgewirbel und Janitscharenmusik, Generalen und Stabsoffizieren« sieht, die sich »gewaltig breit machten und von gaffenden Bürgern umkreist wurden, während sie mir klein und weniger furchtbar als Adölphchens Bleysoldaten vorkamen und aller Lärm, den sie machten, kaum zu mir heraufdrang«. Oder wenn er bei einem Besuch der »künstlichen Brunnen-Anstalt des Doktors Struve« in der Seevorstadt am Ende des »bedeckten Ganges« »Carlsbad, Eger, Ems und Pyrmont so nah und freundschaftlich nebeneinander« findet, »daß man zugleich mit einer Hand aus dem Pyrmonter und mit der anderen aus der Carlsbader Quelle schöpfen kann. Wenn man bedenkt, wie viele Poststationen und Trinkgelder man auf diese Weise erspart, so möchte man gleich zugreifen«.



*Washington Irving*

Im gleichen Jahr wie Carl von Voß reist auch der amerikanische Schriftsteller **Washington Irving** (1783–1859) nach Dresden, wo er vom November bis zum Juli des Folgejahres weilt. »Mein Winter in Dresden ist äußerst angenehm gewesen«, schreibt er an seine Schwester, »ich bin ganz heimisch geworden unter den guten Leuten und werde zu allem, was in der Welt des feinen Tons und Frohsinns vorgeht, eingeladen. Der alte Hof hat mir besonders gefallen wegen seiner steifen, altmodischen Förmlichkeit und seiner feierlichen Zeremonie ... Es herrscht bei einigen

*Dr. Struves Trinkhalle, Gemälde von Traugott Faber, 1822.*

der Hoffestlichkeiten eine eigentümliche Mischung aus Pracht und Gemütlichkeit.« Seine Eindrücke von Dresden hat Irving auch in den »Erzählungen eines Reisenden« literarisch verarbeitet.

*Franz Grillparzer*

Obwohl er sich von den Kunstschätzen der Dresdner Sammlung (»Himmel, welcher Reichtum!«) und der Vorlesekunst Ludwig Tiecks tief beeindruckt zeigt, lässt der österreichische Dramatiker **Franz Grillparzer** (1791–1872) kaum ein gutes Haar an der Elbestadt, die er während einer Deutschlandreise 1826 besucht, und er macht seinem Ruf als Verfasser sarkastischer Epigramme alle Ehre, wenn er am 27. August in sein Reisetagebuch notiert: »Dräásden. Gestern abends hier angekommen. Die Nacht hier

32

*Dresdner Trachtenbild, Dame im Morgenkleide.*

geschlafen. Nichts kann dem unangenehmen Gefühle verglichen werden, mit dem ich mich hier befinde. Diese quäkenden Frösche mit ihrer äußern Höflichkeit und innern Grobheit, mit ihrer Bereitwilligkeit und Tatlosigkeit, ihrer schwächlichen Großtuerei, all das ekelt mich an.« Im »Engel« sitzt er mit jungen Offizieren am Tisch, die einige Flaschen Champagner leeren: »Die Sprache dieser Leute beleidigt mein Ohr. Ein Österreicher kann in seinem Jargon einem Fremden bäuerisch vorkommen, die Sprache dieser Leute aber ist unleidlich. Sie ist unmännlich, geckenhaft, wie von und für Kopflose. Alle scharf denkenden und lebhaft fühlenden Nationen sprechen nicht sowohl schnell (das tun die Sachsen im Übermaß) als abbreviert. Sie ziehen zusammen, verschlucken einen Teil der Buchstaben, z.B. Franzosen, Engländer; aber die Leute hier dehnen jede Silbe, verlängern jedes Wort, hängen überall ein Lieblings-E an, so daß ihre Sprache endlich ein förmliches Mäh, Mäh von Schafen wird.«



Kaum schmeichelhafter sind seine Eindrücke, die er während zweier Konzertbesuche gewinnt. Das Linckesche Bad an der Elbe nennt er einen »hübschen Ort«, das Konzert ist »weniger schlecht, als der Preis vermuten ließ«, aber »die Weiber alle mit der Strickerei in der Hand. Die Leute sehen sehr gutmütig, aber langweilig aus. Noch kein schönes, kaum ein paar hübsche Mädchen gesehen. Ich glaube, die Dresdnerinnen kommen mit 30 Jahren zur Welt, bis jetzt sah ich beinahe noch keine junge. Verhältnismäßig viel Mißgestaltete und Zwerge«. In der katholischen Kirche dagegen hört er verstimmte Flöten und einen schneidenden Sopran, »in der Höhe falsch, ohne Verbindung der Fistel- und Mitteltöne, wenig Gesangsbildung«. Dafür ist »der König und das ganze königliche Haus in großer Andacht zugegen. In den Gängen der Kirche zwei gallonierte Türsteher des Königs,

*Blick auf die Augustusbrücke von der Neustadt, colorierter Stich um 1820.*

die, indem sie jede Störung hindern wollten, selbst die größte Störung verursachten«. Grillparzer bleibt bis zum 3. September, dann reist er über Leipzig nach Berlin, nach Dresden kommt er nicht noch einmal.

*Hans Christian Andersen*

Weniger grantig und von ausgeglichenerem Naturell, liefert der dänische Märchendichter **Hans Christian Andersen** (1805–1875) im Sommer 1831 ein ganz anderes Bild der Stadt: »Wie durch einen Schleier« sieht er »das deutsche Florenz, Dresden, mit seinen Türmen und Kuppeln vor sich liegen«. Und hernach, »als ich nach der Augustusbrücke kam, die ich schon so gut aus Kupferstichen und Gemälden kannte«, schreibt er in seinen »Reiseschatten«, »kam es mir vor, als ob ich schon früher einmal im

Traum hier gewesen wäre. Die Elbe wälzte ihre gelben Wellen unter den stolzen Bogen durch; auf dem Fluß war viel Leben und Treiben, aber weit mehr noch auf der Brücke; auf der Mitte jagten Wagen und Reiter, und auf beiden Seiten ging eine Masse Fußgänger im buntesten Wechsel«. Andersen empfindet Dresden als einen »Übergangspunkt in der Mitte von Nord- und Süddeutschland«, als eine Stadt, die »etwas einladend Freundliches« habe und fühlt sich deshalb »darin gleich wie zu Hause. Er besucht seinen Landsmann, den Landschaftmaler Dahl, den Schriftsteller Ludwig Tieck und die Hofkirche, wo »Schweizer in gelben Stöcken in der Hand« herumgingen, »um auf Ruhe und Ordnung zu sehen und Achtung zu geben, daß die Böcke von den Schafen getrennt blieben«. In der Galerie setzt ihn Raffaels Madonna »gar nicht in Erstaunen«. »Ist dies das weltberühmte Bild?«, fragt er und sieht »ein gewöhnliches Frauengesicht«, das »nicht schöner« ist, als er es oft gesehen hat. Er geht in die Rüstkammer und das Grüne Gewölbe, eine »Reihe von Zimmern, die übrigens keineswegs grün sind«, und erlebt, da das königliche Theater wegen des Sommers nicht spielt, eine Aufführung im Linckeschen Bad. Auf der Rückfahrt mit einer Gondel bestaunt er noch einmal die Augustusbrücke im Wasser gespiegelt, »und Dresden selbst« erhebt »seine hohen Türme und Kuppeln in die Luft; es waren Schattenbilder auf einem goldenen Grunde«. Mit dem Schiff reist er, vorbei an Schloss Pillnitz, weiter in die Sächsische Schweiz.



*Hermann Günther Meynert*

Derlei Eindrücke verschlingen die Dresdner wie süßes Gebäck zum Kaffee. Anderes liegt ihnen eher schwer im Magen, weshalb sie schon mal empört nach Recht und Gesetz verlangen, wenn die geliebte Stadt als »grau in grau« verunglimpft wird.

*Dresdner Originale, Eierhanne und Peter Groll.*

Sein Buch soll in Sachsen zeitweise verboten gewesen sein, kein Wunder, lässt doch schon der Titel schlimme Verunglimpfungen ahnen: »Charaktergemälde von Dresden, grau in grau: für alle, welche die Elbresidenz bewohnen oder kennenzulernen wünschen«. Und tatsächlich, der Wunsch dürfte bei manchem nach der Lektüre des 1835 erschienenen Buches von **Hermann Günther Meynert** (1808–1895) nicht allzu groß gewesen sein. »Dresden ist ein Körper, der bloß aus Haut besteht«, schreibt er unter dem Pseudonym Janus, »es fehlt übrigens alles: Fleisch, Blutgefäße, Knochen, d. i. innerer Halt und vor allem Seele. Von der letzteren ist auch gar nicht die Rede ... Vom Hofrate bis zu dem Wursthändler hinab nimmt man allenthalben die kläglichste Ichsucht wahr, und durch alle Stände findet man, nicht selten zu seiner Verzweiflung, ein so fluchwürdiges System des steifen Anstands, eine solch hoffärtig-philisterhafte Abgemessenheit der Bewegungen und Äußerungen, daß es nie zu etwas mehr als einer noblen Langweiligkeit kommen kann.« Meynert zieht alle Register, wenn es gilt, seine Landsleute mit Spott- und Hasstiraden zu überschütten. Es gebe »in Dresden keinen eigentlichen Pöbel, es gibt nur einen Plebs, aber dieser ist so unleidlich, so dummgesucht in seinen Manieren, so wollend und nicht könnend in seinen Äußerungen, so ungeschickt-geziert in seinen Redensarten, so verunglückt-geschliffen in seinem Umgange, so süßlich-dumm, so lächerlich-pathetisch und so bejammernswert-herzhaft, kurz, so bauernjunkermäßig galant in seinem ganzen Wesen, daß man ihm eher zehn Grobheiten als eine einzige Artigkeit verzeihen möchte. Er hat weder das Geschick, dumm zu sein, noch Art und Weise, den Verständigen zu spielen. Er ist zu klug, um einfältig, und zu einfältig, um klug zu erscheinen. Es paßt ihm keine Kleidung, keine Maske, es steht ihm nichts, er schickt sich zu nichts, man sollte ihn totschlagen und nach tausend Jahren wieder einmal erwecken, um ihn von neuem totzuschlagen, wenn er sich dann noch immer nicht anders ausnehmen und aufführen will.« Kein Wunder also, daß Meynert ein Jahr nach dem Erscheinen seines Buches Dresden Richtung Wien verlässt.



*Robert Edouard Prutz*

Ganz ähnlich und diesmal politisch motiviert, sieht es ein reichliches Jahrzehnt später der Lyriker und Dramatiker **Robert Edouard Prutz** (1816–1872). Schon 1840 hatte er sich vergeblich um eine Professur beworben – der Bewerber gilt beim sächsischen Hof als politisch mißliebig. Im Revolutionsjahr 1848 ist er in ganz Deutschland unterwegs und gibt am 12. März dem in Paris lebenden Georg Herwegh Bericht über den Stand der Sache der Freiheit. In Preußen werde es überaus schwierig werden, »aber den allertrübesten Fleck in Deutschland hab im Augenblick ich inne: Dresden, das Land der Kuchenfresser, die verwaschenste, farbloseste, bleiweichste Generation, die es in Deutschland gibt: Volk wie nasser Schwamm, nicht Welf, nicht Ghibellin, bloß träge Maulaufsperrer, die immer noch glauben, das alles geschehe bloß ›draußen‹ und bloß, damit sie zu ihrem schlechten dünnen Kaffee alle Morgen eine interessante Zeitung zu lesen haben!«

*Józef Ignacy Kraszewski*

Nahezu 60 Zeitungen soll sich der bedeutsame Romancier und Vielschreiber in einem, **Józef Ignacy Kraszewski** (1812–1887), gehalten (und gelesen) haben. Nach der blutigen Niederschlagung des polnischen Novemberaufstandes 1831 nach Dresden gekommen, bewohnt er von 1873 bis 1879 das Gartenhaus Nordstraße 28, wo er jede Nacht beim Schein der Öllampe und ausgerüstet mit einer Gänsefeder einen ansehnlichen Stoß Blätter beschreibt. Kein geringer Teil seines auf 600 Bände geschätzten Gesamtwerkes hat Sachsen und Dresden zum Thema. Neben der bekannten »Sachsentrilogie« geben vor allem die »Reiseblätter« einen interessanten Einblick in das Leben der Stadt im zweiten Drittel des 19. Jahrhunderts. »Dem aus Leipzig oder aus einer anderen Richtung Zugereisten stellt sich Dresden sogleich als ruhige und ernste Residenz dar. Man sieht auf den ersten Blick, daß dies keine Stadt ist, die von Handel und Industrie oder wissenschaftlichen Einrichtungen für die Jugend lebt, denn davon gibt es hier relativ wenig, ... Dresden ist eine Residenz ... Die geradezu pedantische Pflege alter Traditionen geht insbesondere vom Hofe und vom Schloß aus. Alles, was die königliche Familie umgibt, bewahrt mit Sorgfalt das alte Aussehen und die alten

*Das Rats-Chaisenhaus auf dem Altmarkt, Zeichnung von Heinrich Matthaey.*

Bräuche. Die Livreen, die Equipagen, das Zeremoniell, die Hofempfänge sind so geblieben wie in den vergangenen Jahrhunderten, bis hin zu den Sänften, die man angeblich nirgendwo in Europa mehr öffentlich verwendet außer in Dresden. Die höfischen Sänftenträger kleiden sich an Paradetagen noch wie zu Zeiten Augusts II. Die Geschirre, die Karossen, die Uniformen stammen auch wohl noch aus dieser Zeit. Zwei oder drei Sänftenstationen, von denen sich eine am Schloß befindet, mit Sänftenträgern in fleckigen kanariengelben Fräcken, warten auf Kunden. Die Männer gähnen und schnitzen Gitterstäbe, da sie monatelang vergebens darauf hoffen, daß jemand sie benötigt, aber irgendwie halten sie sich, und niemand hat den Mut, diese Institution abzuschaffen.« Fehlenden Mut zu Veränderungen beklagt der polnische Exilant in Sachsen allgemein, die Men-

schen seien für »ihre Sanftmut« bekannt, welche »vielleicht aus der Liebe zur Ruhe und Ordnung und aus einem gewissen Phlegma, das gern jeden unnötigen Konflikt, der das Leben trüben könnte, vermeidet« entsteht. »Die Achtung der Gesetze, der Macht der Repräsentanten ist im allgemeinen beispielhaft; jeder paßt auf, daß nichts Unerlaubtes geschieht und daß niemand die Ordnung stört. Die anderen Völkern im Blut steckende Neigung zur Opposition ... gibt es hier überhaupt nicht.«
Breiten Raum nimmt in Kraszewskis »Reisebildern« die Beschreibung der Bauten und Kunstsammlungen der Stadt ein, die eine »ausgeprägteste, eigentümlichste Physiognomie« besitze und »malerisch am Elbufer im Tal« gelegen sei. »Das wunderschöne Rokoko des Zwingers« zum Beispiel, habe »mehr Leben und Anmut als jene kalte, nachgeahmte und geborgte Gotik«. Manches lobt er, aber Kritiklosigkeit ist seine Sache nicht. Die zunächst in Sandstein ausgeführte Plastikgruppe von Schilling an der Brühlschen Terrasse findet er »durch Kohlenstaub und Regen häßlich und unregelmäßig nachgedunkelt«, die Statuen im Allgemeinen »recht anständig«, aber keine steche »durch künstlerische Meisterschaft hervor« und versetze daher »kaum in Begeisterung«. »Im übrigen«, so lautet sein Resümee, »gibt es hier nichts Außergewöhnliches zu sehen, und der Hauptreiz der Residenz ist ihr einfacher, nahezu ländlicher Charakter«.

*Mori Ôgai*

Ganz andere Reize sucht und findet ein weitgereister Gast im Herbst 1884: **Mori Ôgai** (1862–1922), der japanische Arzt und Erzähler kommt nach Deutschland, um im Auftrag seiner Regierung Hygiene und Militärsanitätswesen zu untersuchen, aber auch, um das Biertrinken zu erlernen und sich »an den Abenden in die Werke der deutschen Dichter zu vertiefen«. Im Mai 1885

*Palais im Großen Garten, Stahlstich von L. Rohbock um 1850.*

und von Oktober desselben Jahres bis Februar 1886 wohnt er in Dresden und absolviert einen Kurs für Militärmedizin. Logiert wird im Hotel »Zu den vier Jahreszeiten«, später im Haus der Witwe Balthner in der Großen Klostergasse 12, am Elbufer nahe der Augustusbrücke. Kaum drei Tage in der Stadt, besucht er die Gemäldegalerie, denn: »Besonders von der ›Sixtinischen Madonna‹ von Raffaelo hatte ich schon lange geträumt. Doch jetzt war ich nun wirklich selbst da, und ein Traum ging für mich in Erfüllung«. In den Novellen »Wellenschaum« und »Der geheime Briefträger« (1890/91) werden seine Erlebnisse in Sachsen ihren literarischen Niederschlag finden.
Mit Freunden durchstreift er die Elbestadt, inspiziert Gefängnis, Wasserwerk und Wäschereien, wird zum Neujahrsempfang des

*Raffael: Die Sixtinische Madonna.*

Königs geladen, hält im »Verein für Erdkunde« einen Vortrag über japanische Wohnhäuser (die vermutlich erste öffentliche Rede eines Japaners in deutscher Sprache), und er genießt auf Spaziergängen die grüne Lunge der Stadt, den Großen Garten: »Wir bogen von der Lennéstraße nach links in eine Allee ein. In der Ferne erblickten wir den Lilienstein, der sich weit in den Himmel reckte. Langsam schlenderten wir weiter. Unter den dichtverzweigten hohen Bäumen wuchs üppig das Gras. Wir gelangten in einen Blumengarten voll blühender Blumen und Gräser. Überall standen Marmorstatuen. Den hinteren Teil des Gartens bildete ein Kastanienhain. Die Bäume waren über und über mit roten und weißen Blüten bedeckt. Unzählige wilde Tauben mit einem weißen Ring am Hals flogen umher. Sie waren etwas größer als die Tauben in Japan. Ich sah auch Drosseln, Amseln, Rotschwänzchen und andere Vögel. Nach einer Weile kamen wir an einen Teich, den sogenannten Carolasee. Als wir den See, auf dem sich ein paar Schwäne tummelten, umrundeten, veränderte sich bei jedem Schritt der Anblick. So wirkte alles seltsam grenzenlos. Dann gingen wir in den Zoo, wo wir unter anderem Elefanten, Nashörner, Giraffen und Lamas sahen. Letztere haben einen recht bösartigen Charakter: Es geschieht nicht selten, daß sie den Leuten ins Gesicht spucken. Am interessantesten war eine Löwin mit ihren Jungen ... Anschließend kehrten wir noch in der ›Schuhmannschen Weinstube‹ ein, wo wir einen Krug St. Emilion leerten.«



*Fjodor Michailowitsch Dostojewski*

Über die Trinkgewohnheiten des russischen Schriftstellers **Fjodor Michailowitsch Dostojewski** (1821–1881) soll nicht spekuliert werden, er hatte viele Monate in Dresden gelebt und hier unter anderem den Roman »Die Dämonen« vollendet, in dem er

Dresden »einen Schatz in der Tabakdose« nennt. Kein Wunder also, dass sich **Stefan Zweig** (1881–1942) für seinen großen Dostojewski-Essay auf Spurensuche in die Elbestadt begibt. »Aber immer in Dresden, wenn ich durch die Straßen gehe, vorbei an irgendeinem niederen und schmutzigen Haus, so faßt mich's an, ob er da nicht irgendwo wohnte, zwischen kleinen sächsischen Krämern und Handlangern, oben im vierten Stock, einsam, unendlich einsam in dieser fremden Geschäftigkeit.« Zweig besucht Dresden mehrfach, sein Freund, der deutschjüdische Lyriker und Journalist Camill Hoffmann, ist Feuilletonist bei den Dresdner Neuesten Nachrichten, und so unterschreiben sie am 19. Februar 1912 beide einen Kartengruß an den gemeinsamen Wiener Bekannten Victor Fleischer: »Es regnet ganz ungebührlich, aber lieber Dresden im Regen als Wien bei Sonne«. Gut zwei Jahrzehnte später ist die Zeit für solche Scherze vorbei. Als 1935 die Richard Strauss-Oper »Die schweigsame Frau«, für die Zweig das Libretto verfasst hatte, am Dresdner Hoftheater uraufgeführt wird, bleibt der jüdische Schriftsteller der Aufführung fern, da er weiß, »daß der Zuschauerraum von braunen Uniformen strotzen würde und sogar Hitler selbst zu einer der Aufführungen erwartet wurde«. »Die Oper«, schreibt Zweig in seinen Erinnerungen »Die Welt von gestern«, »errang einen sehr großen Erfolg, und ich muß zu Ehren der Musikkritiker feststellen, daß neun Zehntel von ihnen die gute Gelegenheit begeistert nutzten, noch einmal, zum letzenmal ihren inneren Widerstand gegen den Rassenstandpunkt zeigen zu dürfen, indem sie die denkbar freundlichsten Worte über mein Libretto sagten«. Doch schon nach der zweiten Vorstellung war alles vorbei, die Oper wurde für Dresden und ganz Deutschland verboten.

*Gewitter über Dresden, Aquarell von Conrad Felixmüller, 1931.*



*Hugo Ball*

Ein Jahr nach dem Zweigschen Kartengruß und wenige Jahre bevor er zum Mitbegründer des Dadaismus werden wird, beschreibt **Hugo Ball** (1886–1927) seine »Reise nach Dresden« auf ganz eigene Art und Weise. Er berichtet über eine Ausstellung futuristischer Werke im Richterschen Kunstsalon und kritisiert die »Lichtwunder des Herrn von Salzmann« in Hellerau, davor aber heißt sein Thema »Dresden selbst: Gelbe Blätter, ganze Kanarienvogelschwärme, fliegen durch die Luft. Blaue Herbstsonne explodierend. Gelbe, rote, grüne Parkanlagen in Frost gepackt. Ein Zeltlager von Meßbuden und Jahrmarktsplunder. Ein Geknatter grünroter Fahnen im Munizipalviertel: Jahrhundertfeier der Befreiungskriege. Abgesprungene Hosenknöpfe in

*Königsparade auf dem Alaunplatz, 1913.*

der Elektrischen (o Lebenslust und Daseinsfreude!) Im Café de Paris spielen sie ›Wer will unter die Soldaten?‹ (o Sachsenvolk, Knopfmacher und Lebkuchenhändler). Grazilbarock steigt das Antlitz der Stadt schwarz und phantastisch mit Türmen, Glocken und Brücken in den mondstrahlenden Abendhimmel.«

*Ossip Kalenter*

Johannes Burkhardt (1900–1976), der zur gleichen Zeit wie Erich Kästner die Dresdner Drei-König-Schule auf der Neustädter Arnimstraße besucht und sich als Dichter **Ossip Kalenter** nennt, der im italienischen Lerici ebenso zu Hause ist wie in Prag und Zürich (wohin ihn die Nazis vertreiben), ein Mann von Welt, »adrett biedermeierlich gekleidet, ein Stöckchen mit Knauf schwingend, im Knopfloch eine Blume, die der Jahreszeit ent-

*Historische Postkarte um 1910, Elbpartie.*

sprach«, wusste Anfang der zwanziger Jahre eine der eindrucksvollsten Lobeshymnen auf seine Heimatstadt sprachverliebt zu komponieren: »Wandle durch diese friedvoll verklärten Straßen, die ein anderes Gesicht tragen als die Straßen in anderen Städten, bewundere die Reichsstraße in ihrem gefälligen Gefälle, die Prager Straße im Golde eines vornehmen Vormittags! Das schöne Lächeln der vielen schönen Damen, denen du begegnest, wird sich auch deinen Lippen mitteilen. (Die überaus vielen schönen Damen sind eines der liebenswürdigsten Wahrzeichen der Stadt.) Am Altmarkt mußt du den Blick nach dem Kreuzturm schweifen lassen, nicht um die Zeit zu erspähen – was gilt es, in diesem freundlichen Idyll die Horen zu zählen? –, sondern weil vielleicht über dem leuchtenden Kreuz eine Wolke schwebt, wel-

*Anzeige des Dresdner Verkehrsvereins, 1920.*

che die Gestalt einer Amorette hat. Nun bitte ich dich, du mögest durch die Schloßstraße, in welcher du durchaus deinen Nachdenklichkeiten überlassen bleiben sollst, dich nach dem Theaterplatz begeben, und dort öffne die Augen so groß du kannst, laß dich von Licht umschäumen und siehe, sieh! Eine Symphonie von Lieblichkeit ist um dich her: die Hofkirche im Allegro (non tanto), des Barock, die Gemäldegalerie in venezianischem Andante, das Schloß eine Sarabande in deutscher, das Opernhaus ein Moderato in italienischer Renaissance. So du dieses betrachtet hast, tritt in den Zwinger ein, und laß dir von den duftigen

Barock-Pavillons grazile Historien erzählen; sie wissen deren viele aus den Tagen der galanten Kurfürsten und Könige von Polen, der aimablen Hofdamen und der geweihten und ungeweihten Abbati. Aber suche nicht durch die trüben Fenster etwas vom Inneren dieser Gebäude zu erspähen, darin Gerippe und Maschinen stehen, die den Bestand der mathematischen, physikalischen, geographischen und zoologischen Kabinetts ausmachen. Schwebe mit den lustigen Putten durch die Girlanden von Rosen und Birnen, laß dich höher tragen im Blick und verweile gerührt bei der grüngoldenen Patina der Dächer ...«



*Hans Reimann*

So schön lässt sich über Dresden schreiben, bildschön so zu sagen, und es ist anzunehmen, dass vom eher spöttisch veranlagten Satiriker Ossip Kalenter eine gehörige Portion Ironie ins

*Historische Postkarte um 1910, Königliches Schloss.*

Spiel gebracht wird. Nicht anders als bei seinem älteren, damals weitaus berühmteren Leipziger Kollegen **Hans Reimann** (1889–1969): »Dresden ist bildschön und dämlich«, befindet der in seinen »Sächsischen Miniaturen«, einer fünfbändigen Sammlung satirischer und grotesker Episoden, in der auch die Elbmetropole nicht ungeschoren davonkommt. Dem »Komiker Oskar Sachs, der ungebührlich lange in Dresden zu verweilen gezwungen war«, legt er in einer dieser Miniaturen folgende Worte in den Mund: »Dresden – das iss kaa Stadt, das iss an Friedhof, an wundascheena Friedhof, wo Elektrische drin umanaand foan!«. »Wer kennt die dresdener Heide?«, fragt er ein anderes Mal und macht sich über die Dresdner Hilfsbereitschaft lustig. Frage man nämlich nach dem Weg, »wird (man) dir mit ausgesuchter, mit übertriebener Bereitwilligkeit antworten, dir haargenau die Einzelheiten der Marsch-Route beschreiben, dich ein hübsches Stück (bis zur nahezu kindlich-naiven, für Halbidioten berechneten Markierung) geleiten, wird dir fünf-, sechs-, siebenmal eingehend wiederholen, wie du zu wallen habest, – und hernach stimmt's gar nicht. Hernach wars alles Quatsch. Was die Sachsen sagen, ist selten ganz richtig. Und sie wissen es! Sie sind nicht stolz darauf, aber sie wissen es. Vielleicht sind sie sogar stolz darauf. Mindestens sind sie stolz darauf, daß sie es wissen«.



*Martin Raschke*

Der heute fast vergessene Romancier und Funkautor **Martin Raschke** (1905–1943) weiß, was er sagt. Der Weggefährte Günter Eichs und Peter Huchels, der sich als Herausgeber der Zeitschrift Kolonne bereits in jungen Jahren einen Namen gemacht hatte und als Kriegsberichterstatter an der Ostfront den Tod fand, liefert 1931 in seinem Essay »Jahr über der Stadt« seine überraschend ambivalente Sicht auf das sommerliche »Elbflorenz«:

*Augustusbrücke, im Vordergrund das Narrenhäusl, um 1930.*

»Einen Sommer lang steht schon diese Luft in dem Tal, geschützt vorm Winde, und sie wurde träge, wenn sie auch den spärlichen Wein an den Hängen noch reift, die ihre Brust der Sonne bieten, und den Strom minderte zum Fluß, daß er mühsam das entblößte Steinfeld durchzieht und kaum den Badenden genügt. Zu weit gespannt sind alle Brücken, obwohl sie Bettler überzählig bevölkern, und die Altstadt scheint höher gewachsen mit ihren Türmen und Terrassen in die Lauheit der Luft. Von den Höhen ringsum drängt sich die Stadt nach diesen Ufern, enger schieben sich hier die Häuser an gequetschten Gassen, und wie von der Kraft dieses Andranges steigen Türme aus dem Gewirr. Zurückgeflutet scheint die Stadt, nachdem diese Türme geschaffen waren. Sie hat Plätze vor ihnen geebnet wie erschrocken, über die jetzt Musik aus den Kaffees weht, verschlungen bald vom Lärme der Straßen und den Schritten der Heimkehrenden. In eiligen Trupps begehen sie alle Straßen, unbekümmert um die dunkelnde Schönheit an ihren Rändern, werden von Bahnen herbeigebracht aus den Vororten und kehren müde zurück.

Denn nur fern, an ihren von Hügeln aufgewölbten Rändern lebt die Stadt. Dort arbeiten Fabriken, dort rauchen Schächte und Mühlen, nahe bei Feldern und Wald, und schwärzen den abendlichen Himmel, der im Westen reich ist an Farben. Ist es der gleiche Himmel, in den sich die Hofkirche mit Figuren und Balustraden verstreut, ein fröhlicher Garten aus Stein, überragt von dem matten Zifferblatt eines mächtigen Turmes? Der steigt ohne Schnürung aus dem stummen Leibe des Schlosses, das sich nirgends verschwendet. Nur zu wenigen Höfen öffnet es sich im verborgenen, und so schiebt es sich bis an entferntere Plätze, wo die Frauenkirche endlich alles zusammenrafft, Gassen wie Stein, und emporreißt zur Kuppel, von Tauben bewohnt.«

*Samuel Beckett*

Den Romantikern des 19. Jahrhunderts überraschend ähnlich, fasst der spätere »Meister« des Absurden Theaters den Entschluss, »auf einer ausgedehnten Studienreise die großen Museen und Kunstsammlungen Deutschlands zu besuchen«. So verbringt der irische Englischlektor und Romanistikassistent **Samuel Beckett** (1906–1989) ab September 1936 mehrere Monate unter anderem in Hamburg, Berlin und München.
»Die Tour ist ein Mißerfolg«, meint Beckett zunächst, »Deutschland ist gräßlich. Das Geld ist knapp. ich bin die ganze Zeit müde. Alle modernen Bilder sind in den Kellern ...«

*Luftaufnahme des Zwingers, Foto W. Hahn, um 1930.*

Am 29. Januar gelangt er von Leipzig kommend nach Dresden, wo er sich für drei Wochen in einer Pension an der Bürgerwiese einquartiert. In seinem Tagebuch vermerkt er enthusiastisch: »Herrlicher erster Eindruck von Dresden, Gefühl von Freiheit und Geräumigkeit nach dem Leipziger Dickicht.« In der Stadt, die er liebevoll »Porzellan-Madonna« tauft, trifft er sich mit Sammlern, Kunstliebhabern und Mäzenen, lernt die Tänzerin Gret Palucca, den von den Nationalsozialisten suspendierten Kunsthistoriker Will Grohmann und den Salon der Kunstmäzenin Ida Bienert kennen (die er zwar »erfreulich, fast schon lustig« findet, deren Hang zum »Herbeten der Nazilitanei« ihn allerdings anwidert). Er besucht Oper und Konzerte, hört Mozart, Beethoven und Verdi, absolviert widerwillig im Italienischen Dörfchen eine »gräßliche Riesenparty« russischer Aristokraten und fühlt sich »den Abend über meist voll und ganz als Kommunist.« Neun Tage allein verbringt er im Zwinger. Allerdings gelingt es ihm nicht (wie in Hamburg), den amtierenden Museumswärter herumzukriegen, ihm die »Schandbilder« zugänglich zu machen, die auf Anweisung der Nazis als »entartet« entfernt worden waren. Wenigstens einige seiner Lieblingsbilder, Antonella da Messinas »Heiligen Sebastian«, Vermeers »Kupplerin« und die »Venus« von Poussin kann er in Augenschein nehmen. Durchaus kritisch notiert er in seinen Aufzeichnungen: »Ich weiß nicht, was ich über die Galerie sagen soll. Für uns hat wohl selbst die anspruchsvollere königliche Gemäldesammlung des 18. Jahrhunderts, was sie wesentlich immer noch ist, mehr Mängel als Verdienste. Es gibt da eine Menge spätitalienischen Ausschuß, keine frühen Meister, praktisch keine Flamen der großen Epoche, und Säle und Säle voller Mengs und Rosalba-Pastelle und Belotto-Ansichten von Dresden. Und schlecht beleuchtet und gehängt.«



*Heinrich Böll*

Über die Beleuchtung und Hängung von Gemälden kann und will er sich keine Gedanken machen: Als Soldat der deutschen Wehrmacht gelangt der spätere Literaturnobelpreisträger, der Romancier und Erzähler **Heinrich Böll** (1917–1985), im September 1944 in die Elbestadt. Am wohlhynischen Fieber laborierend, einer Infektionskrankheit, die durch Kopf- und Kleiderläuse übertragen wird, war er von seinem Standort Ahrweiler, nahe Koblenz, in das auf der Paradiesstraße, im südlichen Dresdner Vorort Zschertnitz gelegene Reservelazarett des Roten Kreuzes abkommandiert worden.

*Blick vom Rathausturm nach Norden, 28. August 1948.*

Schon nach wenigen Tagen sieht er sich imstande, »einige kleine Abstecher in die nächste Umgebung des Lazaretts zu machen«, wobei er »den sächsischen Dialekt bis zum Überdruss genießt«. Sonst aber, schreibt er seiner Frau Annemarie, »ist Dresden anscheinend eine schöne und saubere Stadt«. Und: Es ist doch sehr aufregend, noch einmal eine vollkommen unzerstörte Großstadt zu sehen. Ich habe mich – wie ich es immer tue – weniger um die sogenannten Baudenkmäler gekümmert, sondern bin ganz planlos durch die Stadt gebummelt ...« Beeindruckt zeigt er sich hingegen vom Besuch der Christuskirche in Dresden Strehlen (zur Hofkirche ist es ihm zu weit), »einer in einem Villen-

*Frauenkirche mit Lutherdenkmal nach der Zerstörung, Foto: K. Schaarschuch.*

viertel (gelegenen) kleinen Kirche im ›Windelschmidt-Stil‹. Es war sehr friedlich und schön, nur ein etwas langer Hirtenbrief des Bautzener Bischofs, der übrigens sehr gut war, hat mich sehr erschöpft.«
Am 29. September 1944 wird Heinrich Böll, als »Kriegsverwendungsfähig zur Ersatz-Truppe« deklariert, aus dem Dresdner Reservelazarett in den Genesungsurlaub nach Ahrweiler entlassen.

*Gerhart Hauptmann*

Mehrfach und oft für längere Zeit besuchte **Gerhart Hauptmann** (1862–1946), der als Dramatiker vor allem mit dem Stück »Die Weber« weltweit erfolgreich war, Dresden und das nahe gelegene Radebeul. Im Februar und März 1945 suchte der greise, unter schweren Hustenanfällen und Atemnot leidende Dichter Linderung im Oberloschwitzer Sanatorium Weidner. Von dort, hoch über dem Elbtal, erlebt er die Bombardierung der Stadt und vermerkt am 15 Februar 1945 im Tagebuch: »Furchtbarer Untergang des geliebten, göttlichen Dresden noch im Gange: Sturm und Feuerraserei.« Wenig später formuliert er seine ergreifende, in die Schullesebücher eingegangene Klage »Der Tod von Dresden«, in der es heißt: »Wer das Weinen verlernt hat, der lernt es wieder beim Untergang Dresdens. Dieser heitere Morgenstern der Jugend hat bisher die Welt beleuchtet. Ich weiß, daß in England und Amerika gute Geister genug vorhanden sind, denen das göttliche Licht der Sixtinischen Madonna nicht fremd war und die von dem Erlöschen dieses Sternes allertiefst schmerzlich getroffen weinen. Und ich habe den Untergang Dresdens unter den Sodom- und Gomorrahöllen der englischen und amerikanischen Flugzeuge persönlich erlebt. Wenn ich das Wort ‚erlebt' einfüge, so ist mir das jetzt noch wie ein Wunder. Ich nehme mich nicht wichtig genug, um zu glauben, das Fatum habe mir dieses Entsetzen gerade an dieser Stelle in dem fast liebsten Teil meiner Welt ausdrücklich vorbehalten.«

*Erich Kästner*



Weniger pathetisch, aber mit zumindest ebenso großer Bitterkeit, weiß ein Zeitgenosse Hauptmanns seine Eindrücke vom zertsörten Elbflorenz zu formulieren. Der Lyriker und fabulierfreudige Erzähler **Erich Kästner** (1899–1974), der in Dresden geboren und zur Schule gegangen ist, zählt zu den international bekanntesten deutschen Schriftstellern, dessen Bücher noch heute zur freiwillig erkorenen »Pflichtlektüre« vieler Kinder, Jugendlicher und Erwachsener gehören. Er gilt als der erfolgreichste Dresdner Schriftsteller des vergangenen Jahrhunderts. Die Handlung seiner für »große und kleine Kinder« geschriebenen Bücher ist häufig in der Dresdner Neustadt, zwischen Bautzner- und Antonstraße, dem Geviert seiner Kinderjahre, angesiedelt. Sein Erinnerungsbuch »Als ich ein kleiner Junge war«, kann sicherlich als exemplarisches Loblied auf Dresden verstanden werden. 1946, ein Jahr nach Kriegsende, besucht Erich Kästner, der mittlerweile in München lebt, seine notdürftig bei Bekannten untergekommenen Eltern und muss beim Anblick der Stadt feststellen: »Das, was man früher unter Dresden verstand, existiert nicht mehr«. Einen ganzen Tag lang irrt Kästner durch die Steinwüste, die von der Stadt seiner Kindheit geblieben ist und bemerkt sarkastisch: »Die vielen Kasernen sind natürlich stehengeblieben! Die Pionierkaserne, in der das Ersatzbataillon lag. Die andere, wo wir das Reiten lernten und als Achtzehnjährige zum Gaudium der Ritt- und Wachtmeister, ohne Gäule, auf Schusters Rappen, ›zu Einem – rrrechts brecht ab!‹ traben, galoppieren und durchparieren mußten. Das Linckesche Bad, wo wir, am Elb-

*Weidende Schafe vor der Ruine der Frauenkirche 1955, Foto: W. Möbius.*

ufer, mit vorsintflutlichen Fünfzehnzentimeterhaubitzen exerzierten. Die Tonhalle, wo uns Sergeant Waurich quälte. Hätte statt dessen nicht die Frauenkirche leben bleiben können? Oder das Dinglingerhaus am Jüdenhof? Oder das Coselpalais? Oder wenigstens einer der früheren Renaissance-Erker in der Schloßstraße? Nein. Es mußten die Kasernen sein!«

*Klaus Funke*

Sarkasmus und beißende Ironie eignen auch dem Erzählgestus des Dresdner Autors **Klaus Funke** (Jahrgang 1947), der sich immer wieder voller Hassliebe mit dem Leben und Treiben in der sächsischen Landeshauptstadt auseinandersetzt. So lässt er den Pianisten Bosel, Hauptakteur der Novelle »Kammermusik«, den es Mitte der sechziger Jahre (wie so viele Dresdner) in die weite Welt zieht, schwadronieren: »Dresden ist keine Kunststadt, sagte er. Hier ist nichts als kleinbürgerlicher Mief und eingebildete Tradition. Seit ihrem August, dem Starken, einem barocken Kleinkönig, hätte sich die Stadt nicht mehr weiterentwickelt, alles wäre stehengeblieben. Am schlimmsten aber wäre die Dresdner Luft, sie würde ständig von diesen Stadtbewohnern eingeatmet und führe zur allmählichen Verblödung. Auch die Kanalisation wäre entsetzlich, stehengeblieben auf dem Stand des letzten Sachsenkönigs, eine solche Stadt verpeste ihre Umgebung, auf die sich die Dresdner etwas einbildeten, die aber nicht ihr Verdienst wäre. Jede Stadt hätte eine vergleichbare und schöne Umgebung, auch Leipzig, das viel offener und freier wäre als das eingebildete Dresden, welches von seinem Ruf aus dem siebzehnten Jahrhundert lebte und nichts dazu gelernt hätte. Der durchschnittliche Dresdner ist dümmer als der durchschnittliche Leipziger, und noch um einiges dümmer als der Berliner, Hamburger, Münchner oder Frankfurter. Die Dresdner sind von allen Großstadtbewohnern Deutschlands wahrscheinlich die ungebildetsten und am wenigsten kunstinteressierten. In der Musik kennen sie nur Wagner, Weber und seinen Freischütz, den sie sich jedes Jahr in der Felsenbühne anhören, und manche wissen, wer Richard Strauss gewesen ist und Carl Böhm; den barocken Hasse kennt schon kaum einer mehr und dass Rachmaninoff in Dresden zwei seiner Klavierkonzerte komponiert hat, weiß niemand, nicht einmal der Rektor der hiesigen Hochschule. Ja, die Dresdner sitzen im Sommer in ihren Biergärten entlang der Elbe und reden in ihrer breiten gemietlichen Sprache nicht von der Kunst oder ihrer Kunststadt, sondern vom Wetter und vom Sonnenunter-

*Dresdner Plakat aus den 50er Jahren.*

gang, den sie, je nach ihrem Sitzpunkt, hinter der Pieschener Elbbiegung erleben wollen, oder hinter der bekannten Stadtsilhouette, die sie ihren Gästen zeigen, die alle Welt von den Postkarten kennt, jener Stadtsilhouette, die der italienische Maler Belloto gemalt hat, und die als Reproduktion in allen Dresdner Wohnzimmern und in manchen Dresdner Kneipen sogar auf der Toilette hängt. Dresden ist keine Kunststadt. Dresden ist eine untergehende Stadt, die auf Schwemmsand gebaut ist.«

*Heinz Czechowski*

Der bekannte Lyriker und Essayist **Heinz Czechowski** (Jahrgang 1935), gerühmt als signifikanter Vertreter der legendären »Sächsischen Dichterschule«, in Dresden geboren und aufgewachsen zwischen Kaditz und Wildem Mann, hat seine Vaterstadt schon frühzeitig gen Leipzig verlassen. Czechowski, der das tragische Schicksal Dresdens immer wieder in Gedichten und Aufsätzen thematisiert, lebt heute in Frankfurt am Main. 1998 hatte er für die Zeit von April bis September das Amt des Dresdner Stadtschreibers inne und »residierte« in der nördlichen Vorstadt Klotzsche. Mit großen Erwartungen an den Ort seiner Kindheit und Jugend zurückgekehrt, schreibt er im Nachhinein mit unverkennbarer Enttäuschung: »Statt des urbanen Raumes, den ich mir erträumte und in dem ich leben wollte, erlebte ich eine Stadt, die noch immer schwer an ihrer Vergangenheit trägt. Ich sah, daß der tödliche Schlag, der die Stadt am 13. Februar 1945 zerstörte, eine Stadtlandschaft hinterlassen hatte, die nicht mehr zu sich zusammenfinden kann. So leid es mir tat: ich konnte die Begeisterung vieler Dresdner über den Zustand der Stadt nach der ,Wende' nicht teilen. Ich weiß natürlich: mein Bild der sächsischen Landeshauptstadt ist vom Leben zwischen Trümmern geprägt, das in meine Biographie buchstäblich eingebrannt ist. Von der Elbe geteilt, hat sich die Stadt von jeher damit schwer getan, ihr eigentliches Zentrum zu finden. Altmarkt und Prager Straße waren jedoch, zwischen Brühlscher Terrasse und Hauptbahnhof, einmal Flanier- und Einkaufszonen mit intimem Gepräge. Noch in den Nachkriegsjahren, bevor der 1956 eingeleitete Kahlschlag unter dem Motto ›Dresden trümmerfrei‹ begann, war hinter den ausgebrannten Fassaden noch etwas vom Flair der Vergangenheit zu spüren. Heute ist ein Spaziergang vom Albertplatz durch die Hauptstraße über die Augustusbrücke bis zum Altmarkt und durch die Prager Straße bis zum Hauptbahnhof von widersprüchlichen Empfindungen beherrscht. Es ist hier nicht der Ort, einen Essay über städtebauliche Probleme der

*Postplatz 1955, Foto: W. Möbius.*

Elbestadt einzublenden ... Aber was einmal – nicht nur verkehrstechnisch – Dresdens Drehscheibe gewesen war, der Postplatz, ist heute nur noch ein Zeugnis verschwundener Urbanität, wo der Blick verzweifelt und vergeblich einen Halt sucht.«

*Volker Braun*
*Durs Grünbein*

Auch der Blick des Lyrikers **Volker Braun** (Jahrgang 1939) findet eine »Ziegelsteppe mit verstreuten Kaminen«, sieht die »wilden Büsche über den Ruinen. Dresden bleibt für lange Zeit, wie es der Dichter **Durs Grünbein** (Jahrgang 1962) nennt, »eine scheintote Stadt«, das »Barockwrack an der Elbe«.
Zu den wie durch ein Wunder unversehrt gebliebenen Bauwerken hingegen zählt ein technisches Denkmal im Osten der Stadt.

Dem Lyriker **Michael Wüstefeld** (Jahrgang 1951) hat es Dresdens wunderlichste Brücke, das Blaue Wunder, angetan und er hat es bestiegen: »Wer wohl, so fragen wir Talgeborene uns ahnungslos stolz, kennt denn das ›Blaue Wunder‹ nicht? ... Die Brücke wirkt Wunder. Sie verbindet. Sie schlägt sich von einer Seite auf die andere. Sie hilft uns hinüber. Sie ist ein Teil der Landschaft und ein Teil unserer Alltagswege. Sie überbrückt. Sie fügt zusammen ..., etwas außer Atem und mit weichen Knien stehe ich 24 Meter über der Fahrbahn. Schnell fliegt der Blick rundherum. Südlich dehnt sich Dresden, bis der Windberg bei Freital den Blick bremst. Träge kommt die Elbe von Osten, wo Lilien- und Königstein den Horizont mit ihren Sandsteintafeln verstellen. Im Norden prallt der Blick sogleich an den nahen Elbhang, auf dem sich die weiße Kugel der Ardenne-Sternwarte, Luisenhof und die Bergstation der Schwebebahn aneinanderreihen. Westlich zeichnet der Fluss einen weit gezogenen Bogen, fließt der nächsten städtischen Brücke zu, darüber dämmern auf der alten Weinbergskante Schloss Albrechtsberg, Villa Stockhausen und Schloss Eckberg. Weiter kann der Blick nicht reichen, aber tiefer ... 24 Meter über der Fahrbahn raunt es mir aus der Luft Namen, Bilder, Nachrichten zu, die ich vergessen wähnte, und ich ahne, eine unmessbare, aber deshalb nicht minder schwerwiegende Last liegt auf der Brücke. Denn jeder bürdet ihr ungebremst seine Erinnerungen auf ... Die Brücke hat verschiedene Könige, Kriege und Klassenkämpfe überlebt. Wird sie auch uns überleben? ... Bei guter Führung, was ständige Prüfung und Unterhaltung meint, geben die Fachleute der Brücke noch dreißig Lebensjahre ... Gebetsmühlenartig reden Reisebüros uns ein, nur Paris, London oder New York hätten die eigentlichen Wunder zu bieten. Dabei ist es keine Übertreibung, sondern unum-

*Blick auf die Loschwitzer Höhen und die Elbbrücke »Blaues Wunder«.*

stößliche Tatsache, auch in Dresden ist das Wunder namentlich zu Hause. Vielleicht aber sollten wir das nur unter der Hand und ganz leise sagen, sonst kommt irgendeiner auf die Idee, das ›Blaue Wunder‹ als eingetragene Marke schützen zu lassen!«

*Thomas Rosenlöcher*

Viele Jahre seines Lebens hat **Thomas Rosenlöcher** (Jahrgang 1947), der wohl populärste Dresdner Schriftsteller, in der Elbestadt verbracht. Hier ist er geboren, zur Schule gegangen und hat seine ersten Bücher verfasst, die fast immer irgendwie von Dresden handeln. Nun, im erzgebirgischen Beerwalde daheim, weiß er es ganz genau: »Wer als Dresdner in der Welt etwas werden will, muß rechtzeitig die Stadt verlassen. Allein schon des Sandsteins wegen, der nach den Worten eines, der die Stadt auch verließ, alles weich macht, was hier aufwächst. Und was sich im milden Klima, unterhalb sachter Hügelketten, entlang des auch nicht gerade stürmisch auftretenden Flusses, eines besonders nachgiebigen, sprich: babbschen Idioms bedient, des sogenannten Sandsteinsächsisch, das, kaum im Mund des Sprechers geformt, sich seinerseits den Sprecher formt. Wobei mancher Elbtalbewohner jahrzehntelang, nicht nur das Elbtal bewohnte, sondern gleichzeitig im Ostblock festsaß, der ebenfalls eine Geduldsprobe war. Allein die vollen Straßenbahnen. Sich da, die eine Hand kopfüber in der Schlaufe festgekrallt, in Solidarität mit den anderen Insassen fledermausartig hin- und herschwankend durch das Elbtal schaukeln zu lassen und gleichwohl mit der anderen Hand seinen Dante zu lesen, natürlich in der Übertragung von Philaletes, der unter dem Namen Johann von Sachsen unser König war ... Freilich, falls Dresden ohnehin seinen Sandsteincharakter abstreift, muß einer Dresden gar nicht mehr verlassen, um in der Welt etwas zu werden. Ging nach der deutschen Zusammenlegung ja auch umgekehrt: Die Welt kam aus München und Stuttgart nach Dresden, um hier etwas zu werden, was schlagartig gelang. Womit nicht gesagt werden soll, daß wir kolonisiert worden wären ... Selig sind die Sanftmütigen, steht immer noch über dem Elbhang geschrieben, wenigstens bei besserem Wetter, wenn der Himmel wieder Italien nachahmt. Denn muß einer denn in der Welt etwas werden, wenn Härte die Voraussetzung ist? Bedeutet es nicht ein tieferes Lächeln, als runder Puttenhintern auf der Zwingerbalustrade im Ansturm der Verhältnisse ein wenig Sand rieseln zu lassen? Besser weich in Dresden als in der Welt Granit.«

*Blick auf Dresden bei Vollmondschein, Gemälde von Johan Christian Clausen Dahl, 1839.*

*Die Frauenkirche, erbaut 1726/43 von Georg Bähr, vor ihrer Zerstörung.*

# Literatur

*Andersen, Hans Christian*: Reise nach Dresden und in die Sächsische Schweiz, Wolfgang Jess Verlag Dresden 1941, S. 7ff.

*Atterbom, Per Daniel Amadeus*: Ein Schwede reist nach Deutschland und Italien. Hg. v. Elmar Jansen, Gustav Kiepenheuer Verlag Weimar 1967, S. 69f., 97ff., 108.

*Ball, Hugo*: Der Künstler und die Zeitkrankheit, Suhrkamp Verlag Frankfurt/M. 1988, S. 11.

*Böll, Heinrich*: Briefe aus dem Krieg 1939-1945, Band 2, Verlag Kiepenheuer&Witsch Köln 2001, S. 1109ff.

*Braun, Volker*: Texte in zeitlicher Folge, Mitteldeutscher Verlag Halle und Leipzig Bd. 3 1990, S. 65; Bd 8 1992, S. 84.

*Casanova, Giacomo*: Geschichte meines Lebens, Propyläen Verlag Berlin 1964, Band 3, S. 255f.

*Czechowski, Heinz*: Das Jahr Zweitausend, Gottsched und ich ... In: Signum. Blätter für Literatur und Kritik 1/Heft 2/2000, S. 101f.

*Funke, Klaus*: Kammermusik, Verlag Die Scheune Dresden 2004, S. 25f.

*Goethe, Johann Wolfgang von*: Dichtung und Wahrheit, Insel Verlag Leipzig o.J., S. 327/Sämtliche Werke, Weimarer Ausgabe Weimar 1887-1919, IV.Abt., 9 Band, S. 239.

*Grillparzer Franz*: Reisetagebücher, Hg. von Rudolf Walbinger, Berlin 1971, 103ff.

*Grünbein, Durs*: Schädelbasislektion, Suhrkamp Verlag Frankfurt am Main 1991, S. 112.

*Hauptmann, Gerhart*: Sämtliche Werke. Hg. Hans-Egon Hass, Bd. XI: Nachgelassene Werke und Fragmente, Propyläen Verlag Frankfurt am Main und Berlin 1974, S. 1205.

*Herder, Johann Gottfried*: Werke, Deutscher Klassiker Verlag Frankfurt/M. 2000, S. 405ff./Briefe, Hermann Böhlaus Nachf., Weimar 1984, Bd. 8, S. 396f.

*Irving, Washington, In*: Erich Haenel, Eugen Kalkschmidt: Das alte Dresden, Verlag Franz Hanfstengel München 1925, S. 150.

*Jean Paul*: Sämtliche Werke, Akademie Verlag Berlin 1954, Briefe III., S. 65f., 173f., 190.

*Kalenter, Ossip*: Das goldene Dresden, Verlag Steegemann Hannover und Leipzig 1922, S. 10ff.

*Kästner, Erich*: Der tägliche Kram, Atrium Verlag Zürich 1948, S. 112.

*Kleist, Heinrich von*: Sämtliche Briefe Reclam Verlag Stuttgart o.J., S. 103, 232ff.

*Knowlson, James*: Samuel Beckett. Eine Biographie, Suhrkamp Verlag Frankfurt am Main 2001, S. 314, 323, 325, 327.

*Kraszewski, Józef Ignacy*: Reiseblätter, Rütten & Loening Berlin 1986, S. 281ff., 302.

*Meynert, Hermann Günther (Janus), In*: Dresden vom Biedermeier bis zur Revolution 1948/49, Hrg. Günter Jäckel, Verlag Werner Dausien Hanau, S. 101f.

*Ôgai, Mori*: Deutschlandtagebuch 1884–1888, Hg. v. Heike Schöche. konkursbuch Verlag Claudia Gehrke Tübingen 1992, S. 28f.

*Prutz, Robert*: Das Land der Kuchenfresser, In: Dresden vom Biedermeier bis zur Revolution 1948/49, Hrg. Günter Jäckel, Verlag Werner Dausien Hanau 1988, S. 155f.

*Raschke, Martin*: Jahr über der Stadt, Hg. v. Norbert Weiß, Hellerau-Verlag Dresden 1993, S. 52.

*Reimann, Hans*: Neue sächsische Miniaturen, In: Der Morgen, Ein Almanach des Carl Reissner Verlages Dresden 1928, S. 199f., 203.

*Riesbeck, Johann Kaspar*: Lichter und Schatten, In: Erich Haenel, Eugen Kalkschmidt: Das alte Dresden, Verlag Franz Hanfstengel München 1925, S. 53, 56.

*Rosenlöcher, Thomas*: Wie ich in Ludwig Richters Brautzug verschwand, Insel Verlag Frankfurt am Main und Leipzig 2005, S. 41ff.

*Voß, Carl v.*: Eine Reise nach Dresden 1822. Aufzeichnungen des Kammerherrn Carl v. Voß, Neske Verlag Pfullingen 1986, S. 26, 30, 71, 207.

*Schiller, Friedrich von*: Nationalausgabe, Hermann Böhlaus Nachf. Weimar, Bd. 24, 1989, S. 19f., 57; Bd. 25, 1979, S. 152.

*Seume, Johann Gottfried*: Spaziergang nach Syrakus, Reclam Verlag Leipzig o.J., S. 12ff.

*Wüstefeld, Michael*: Blaues Wunder, be bra verlag Berlin 2002, S. 7, 56, 63, 65.

*Zweig, Stefan*: Die Welt von gestern, Aufbau-Verlag, Berlin und Weimar 1990, S. 356/Essays 1907–1924, Insel Verlag Leipzig 1983, S. 412.

*Dresden vom Turm der Katholischen Hofkirche gesehen, Foto um 1930.*

# Personenregister

# Bildnachweis

Archiv Wonneberger: Titel, *S. 6, 25, 42, 47, 48, 49, 53, 61, 76.*
Erich Haenel/Eugen Kalkschmidt: Das alte Dresden, Verlag Franz Hanfstengel, München 1925: *S. 15, 17, 19, 21, 27, 29, 31, 32, 35, 36, 39, 41.*
Sächsische Landesbibliothek – Staats- und Universitätsbibliothek, Abt. Deutsche Fotothek: *S. 10, 23, 46,, 51, 55, 56, 59, 63, 67, 68.*
Brigitte Felixmüller, Hamburg: *S. 45.*
F. Baumgürtel: *S. 65.*
Sammlung Friedrich, *S. 72, 78.*

*Die Mainzgasse und die Frauenkirche vor der Zerstörung.*

# Danksagung



Die Autoren danken Heinz Czechowski, Klaus Funke, Thomas Rosenlöcher und Michael Wüstefeld für die Zustimmung zum Abdruck der Texte und Dieter Sudhoff für seine Hinweise zu Stefan Zweig.

*Blick auf Dresden, um 1928.*

# Die Autoren



***Norbert Weiß:*** Geboren 1949 in Dresden, Lehre zum Bibliothekstechniker; Tätigkeit als Druckereiarbeiter, Telegrammbote, Buchverkäufer, Bauarbeiter und Lagerist. Abitur und Pädagogikstudium in Zwickau, Relegation. Literaturstudium in Leipzig. Lebt als Erzähler, Lyriker, Publizist und Herausgeber in Dresden. Gemeinsame Veröffentlichungen mit Jens Wonneberger: »Dichter, Denker, Literaten«, Dresden 1997, »Literarisches Dresden«, Berlin 2001, »Dresdner Dichterhäuser«, Berlin 2002 und „Dichterhäuser um Dresden", Berlin 2004.

***Jens Wonneberger:*** Geboren 1960 in Großröhrsdorf. Studium des Bauingenieurwesens in Dresden, anschließend Reinigungskraft in einem Antiquariat. Seit 1992 freier Schriftsteller und Literaturredakteur in Dresden. Zahlreiche Veröffentlichungen, u. a. »Pfunds Molkerei« im be.bra verlag. Gemeinsame Veröffentlichungen mit Norbert Weiß: »Dichter, Denker, Literaten«, Dresden 1997, »Literarisches Dresden«, Berlin 2001, »Dresdner Dichterhäuser«, Berlin 2002 und »Dichterhäuser um Dresden«, Berlin 2004.

*Bibliografische Information der Deutschen Bibliothek*
*Die Deutsche Bibliothek verzeichnet diese Publikation in der Deutschen Nationalbibliografie; detaillierte bibliografische Daten sind im Internet über http://dnb.ddb.de abrufbar.*

*© edition q im be.bra verlag GmbH 2006*
*KulturBrauerei Haus S, Schönhauser Allee 37, 10435 Berlin*
*post@bebraverlag.de*
*Lektorat: Bernhard Thieme, Berlin*
*Gesamtgestaltung: Uwe Friedrich, Berlin*
*Schrift: ITC New Baskerville 9,25 pt*
*Druck und Bindung: Bosch Druck GmbH, Landshut*
*ISBN 3-86124-597-3*
*978-3-86124-597-1*

*Alle Rechte vorbehalten.*
*Dieses Werk, einschließlich aller seiner Teile, ist urheberrechtlich geschützt. Jede Verwertung außerhalb der engen Grenzen des Urheberrechtsgesetzes ist ohne Zustimmung des Verlages unzulässig und strafbar. Das gilt insbesondere für Vervielfältigungen, Übersetzungen, Mikroverfilmungen, Verfilmungen und die Einspeicherung und Verarbeitung auf DVDs, CD-ROMs, CDs, Videos, in weiteren elektronischen Systemen sowie für Internet-Plattformen.*

*www.bebraverlag.de*